RÉFORMES

SOCIALES

OU LE CRI DU CŒUR

PAR

UN BRESTOIS

1885 — Suffrage Universel — 1889

BREST

Imprimerie L. ÉVAIN-ROGER, rue Saint-Yves, 32.

—

1885

RÉFORMES SOCIALES

OU

LE CRI DU CŒUR

PAR

UN BRESTOIS

1885 — Suffrage Universel — 1889

BREST

Imprimerie L. ÉVAIN-ROGER, rue Saint-Yves, 32.

—

1885

RÉFORMES SOCIALES

OU

LE CRI DU CŒUR

Tout homme de cœur se doit à son pays, et ses efforts dans la part qu'il prend au concours commun institué pour le *Bien public,* doivent être d'autant plus grands, que les besoins de la Société se font plus impérieusement sentir.

A l'époque où nous vivons, la nécessité de réformes sociales se manifeste à chaque pas. L'équilibre républicain, mal établi sur de vieilles souches monarchiques qu'on ne fait qu'écorner, au lieu de leur faire subir une métamorphose complète, semble vaciller à tout moment. Nous sommes fatalement poussés à un cataclysme, qui sera la conséquence funeste d'une transformation trop rapide et qui s'impose, si l'on ne vient livrer passage, en lui imprimant une bonne direction, à cette effervescence qui gronde de toutes parts et veut se faire jour.

Qu'on y prenne garde ! Le peuple toujours leurré peut prendre une revanche terrible, en voyant qu'on se joue de lui ; et son courroux fera des victimes, s'il se réveille las enfin de ces promesses illusoires, qui servent de marchepied à quelques ambitieux, aux phrases plus ou moins sonores.

Le peuple sait se souvenir parfois ; il connaît sa puissance ; et, si 1789 a été le point de départ do son émancipation, un siècle de luttes et de progrès doit être couronné par le triomphe de ses idées :

« TOUT PAR LE PEUPLE ET POUR LE PEUPLE. »

Il est temps que la routine fasse place au progrès, et les préjugés dont on cherche encore à maintenir le règne doivent céder le pas à la vérité et à la raison ! Que les choses soient envisagées sous leur véritable aspect et les questions nettement définies ! Arrière l'hypocrisie, cause de tant de passions violentes !

Les principes mauvais doivent être détruits et remplacés par d'autres qui seront une image plus fidèle des idées contemporaines.

Pour cela il ne faut pas craindre de remonter à la source et surtout ne pas hésiter à extirper, par la racine même, ce qui serait malsain pour la Société.

Nous allons, pour notre part, essayer de signaler quelques-unes des réformes auxquelles chacun doit s'adonner et qui semblent être le point de départ de l'immense travail des transformations qui fait appel à l'énergie de tous les citoyens.

Et d'abord, occupons-nous de l'Assemblée dite « *des Représentants du Peuple.* » C'est là que les lois qui nous régissent sont discutées, que les intérêts de la nation sont agités, c'est là que les idées semblent se concentrer, c'est là aussi que notre attention doit se porter. Si l'on veut obtenir les résultats objets de nos désirs, il est indispensable de modifier, dans certaines parties du moins, cette institution qui dans chacun de ses détails devrait marcher en tête des progrès.

Parlons premièrement de son mode de recrutement :

Dans la forme actuelle, le candidat, pris généralement parmi les favorisés de la fortune, fera, pour se faire élire, parade de son mérite personnel, bien que souvent il n'ait rien produit. Mettant en jeu tous les ressorts de son génie, dépensant tout son talent, s'il en a, dans l'unique but de satisfaire à ses désirs, il fera bien souvent, par des manœuvres habiles, le public dupe de son hypocrisie.

Une fois au pouvoir, plus fier de son mandat que soucieux de remplir ses engagements, il se renfermera dans son inviolabilité. Pour lui, plus de contact avec ses électeurs ; il est infaillible comme il est inviolable, et sa supériorité dont il se flatte doit le séparer du reste des humains. Qu'a-t-il besoin de consulter ? Sa vanité personnelle lui fait voir qu'il doit à ses talents seuls d'avoir été élu. Sa mission est remplie du jour où il a pu s'asseoir au fauteuil qu'il a envié, dans l'enceinte où il s'endort, alors que sa tâche devrait commencer. La salle du travail où l'a conduit le Suffrage universel est pour lui un lieu de repos. A d'autres le souci des affaires !...

Voilà, à de rares exceptions près, celui que l'on décore du titre pompeux de « Représentant du Peuple. »

Est-il besoin de dire que les choses ne doivent plus se passer ainsi et qu'il est indispensable d'y remédier ?

Le député ne deviendra réellement utile aux électeurs que quand il sera considéré ce qu'il doit être, c'est-à-dire leur mandataire et non leur maître ; quand il se mettra en relation constante avec eux, pour s'informer de leurs besoins ; quand ses actes seront contrôlés ; quand il devra rendre compte de son mandat ; quand, en un mot, les rôles seront changés et que chacun sera à sa place !

Ne serait-il pas juste, en effet, qu'un représentant consultât celui dont il accepte le salaire ? Un député doit savoir qu'en République il n'y qu'un maître : « le Peuple », qu'une volonté : « la volonté nationale devant laquelle tout s'incline. » Ses talents, ses connaissances, son travail ; il doit, pour remplir son devoir, tout consacrer à la mission pour laquelle il a été choisi.

Chargé de transmettre les désirs, les besoins, les revendications de ceux qui l'ont élu, il doit les appuyer de tout son pouvoir. Il doit être l'interprète des idées collectives des citoyens, alors que ces idées ont un but d'intérêt public.

Il devrait à chaque session venir exposer et ses actes et les motifs qui l'ont fait agir ; un vote de reconnaissance ou des reproches mérités lui indiqueraient la route qu'il doit suivre. Deux votes de blâme, dans une assemblée d'électeurs, seraient sa condamnation et il serait déchu de plein droit.

Un mandat doit être considéré comme une charge honorable, sans doute, mais non comme un titre purement honorifique dont on ne tient aucun compte.

Quant au peuple, s'il veut exiger ces conditions auxquelles il a le droit de prétendre, il n'a qu'à faire choix d'un représentant issu de son sein, qui éprouvera les mêmes besoins et qui aura les mêmes aspirations que lui.

La classe nombreuse des travailleurs fera valoir ses revendications quand elle aura mis sa confiance dans l'un de ses membres qui, ayant constamment suspendue sur sa tête cette autre épée de Damoclès : « la misère », cherchera les intérêts du peuple dans son intérêt propre. Qu'a-t-elle besoin de porter ses regards sur ceux qui l'abusent depuis tant d'années ? N'a-t-elle pas chez elle assez de cœurs honnêtes, généreux et vaillants, assez de travailleurs énergiques qui, habitués au labeur, sauront s'acquitter scrupuleusement de leur devoir ; assez d'esprits éclairés pour comprendre ses besoins ; assez d'hommes soucieux de son bien-être pour consacrer toutes leurs forces à la réalisation de ses projets ?

C'est ainsi que s'opèrera la transformation aussi complète qu'elle doit l'être. C'est ainsi que les privilèges tomberont, que les nuances de partis s'éteindront et viendront se confondre dans une seule et même cause ; la cause du peuple.

Plus d'oppressions et partout plus d'opprimés ; l'égalité pour tous.

L'émancipation d'un peuple doit être proclamée par lui-même :

« TOUT PAR LE PEUPLE ET POUR LE PEUPLE. »

Choisi de la sorte, le député sera le véritable réprésentant de ceux qui l'auront élu ; il prendra à cœur de soutenir la classe qui l'a produit et travaillera aux réformes utiles qui sont en vain réclamées à ceux qu'elles n'intéressent pas ; à ces exploiteurs égoïstes qui, n'ayant jamais manqué de rien, ne peuvent comprendre les besoins de ceux dont ils administrent les affaires.

Ils sont riches, eux, qu'ont-ils besoin de songer à la misère des autres ? S'ils sont repus, pourquoi croiraient-ils que d'autres ont faim ? Aidés de leurs agents grassement salariés, ils qualifient d'utopie tout ce qui n'est pas dans leurs maximes. N'allez pas vous heurter à leurs privilèges, vous seriez frappé d'anathème ! On vous jetterait à la face, en vous insultant, les mots de : « Anarchiste », d'homme dangereux pour la Société ; à vous qui ne songez qu'à soutenir le bien public.

Que leur importe le costume qu'ils revêtent, pourvu qu'ils dominent ; républicains aujourd'hui, ils seront monarchistes demain, chauve-souris de La Fontaine qui se mettent du côté du plus fort.

Mais à quoi bon s'étendre plus longuement sur des considérations que chacun a su apprécier ? Comme un peu d'énergie aurait vîte raison de ces êtres ne vivant que de chantage !...

Le plan de recrutement de la Chambre une fois arrêté, considérons-la dans sa constitution même ; nous avons vu le candidat, occupons-nous de sa mission.

Dans l'enceinte où nos honorables sont cloîtrés, quelques-uns d'entre eux, des plus rares il est vrai, élaborent de longs projets qui, pour la plupart, ont pris naissance dans un manifeste électoral et vont s'évanouir comme ils ont commencé, sans amener d'autres résultats qu'une déconvenue pour leurs auteurs et une déception à l'effet souvent terrible pour les intéressés. Je m'abstiens de citer des exemples, le cas est malheureusement trop commun ; ce n'est pas aux hommes qu'il faut s'en prendre, c'est aux institutions. Quoi qu'il en soit, le temps des députés souvent les plus actifs se trouve absorbé inutilement au détriment dn public. Car, dans ces circonstances, chacun a en vue la perspective d'une auréole plus ou moins glorieuse autour de sa personne, plutôt que l'intérêt général. On s'agite, on fait un peu de bruit, le public s'en émeut et... c'était un mirage !...

De plus, le tout n'est pas de crier au renversement d'une idée, d'un principe, si mauvais soit-il, il faut proposer et rendre facilement acceptable l'idée, le principe qui doit remplacer celui qui est combattu, suranné, nuisible même parfois. Or, depuis longues années déjà, à chaque reconstitution des Chambres, les candidats de tous les partis, se décriant les uns les autres, affichent do longuos listos dos réformes qu'ils savent utiles d'ailleurs, dans l'unique but de s'attirer la bienveillance des électeurs, quand encore ils ne cherchent pas à tromper leur bonne foi, et voilà tout, la besogne est terminée. Aussi a-t-on bien raison de dire : « Plus cela change, plus c'est la même chose. »

En continuant cet ordre de choses, le Peuple finirait par être fatigué, s'il pouvait l'être, et les nuances de partis qui menacent de se subdiviser en autant de portions qu'il y a d'électeurs en France, ne pourraient faire qu'un tort immense aux institutions républicaines, si les électeurs imbus des vrais principes, qui font la force des pays démocratiques, n'étaient eux-mêmes plus républicains souvent que les candidats affichant leurs opinions.

Il est donc temps de chercher une méthode plus efficace, un moyen plus rationnel qui se présentera de lui-même, quand chacun aura su prendre son poste dans l'ordre des choses que la nature a établi.

En effet, le député ne peut à lui seul combler tous les besoins de la société qu'il représente. En faisant peser sur lui une charge trop lourde il devient impuissant et no fait rien. Mais que le peuple vienne aider les efforts de celui qu'il a choisi, au lieu de se reposer simplement sur lui du soin de ses affaires ! Qu'il lui manifeste ses besoins au lieu d'attendre qu'on les devine ! Qu'il travaille lui-même à son affranchissement et bientôt il verra la réalisation des réformes réclamées en vain depuis si longtemps. Quand le peuple voudra se réveiller pour mettre lui-même la main à l'œuvre, tout cédera à ses désirs !

Mais quelle mission doit donc remplir un représentant du peuple? Rien de ce qui touche à l'intérêt général ne doit lui être étranger.

Dispensateur des deniers de l'Etat, son devoir est de veiller à ce que tout gaspillage soit scrupuleusement évité, en portant toute son attention sur le mode de répartition du budget. S'il laisse son esprit occupé de projets, il est appelé à passer trop rapidement sur des questions capitales demandant un travail sérieux ; car le contrôle doit être exercé dans les plus minutieux détails. Représentant de la nation, il doit être soucieux aussi de la politique extérieure, il doit s'assurer que l'impulsion donnée aux affaires du dehors par le Gouvernement, est bien en rapport avec la grandeur de sa patrie. Conduit par les sentiments sacrés qui ont guidé nos pères, il doit, suivant leurs traces, exiger que tous les actes aient pour raison l'intérêt seul de la France.

Il ne doit pas hésiter à flétrir, à destituer même une administration dont le mobile serait l'agiotage et le tripot.

Dans un gouvernement républicain, chacun doit émettre son avis comme chacun a sa part de responsabilité. C'est au député à servir d'intermédiaire en toutes circonstances. C'est par lui que tout ce qui touche à l'intérêt public sera transmis au sein de l'Assemblée dont il fait partie ; par lui seront groupés les projets n'émanant plus de lui-même, mais de toutes les branches de la Société qui auront intérêt à présenter des réformes utiles au fur et à mesure que les besoins s'en feront sentir. Avec le système de centralisation administrative qui s'accentue et les connaissances qui s'étendent chaque jour de plus en plus, rien ne serait plus facile que ce mode de procéder. L'essor une fois donné, des groupes se formeront, des réunions où les intérêts de chacun seront agités, où les projets seront élaborés, s'organiseront sans difficultés.

C'est ainsi que les ouvriers de toutes catégories, formés en syndicats puissants, pourront, en se concertant, produire leurs revendications, s'instituer sur des bases solides en prenant pour point de départ leurs intérêts seuls sur lesquels bien souvent discutent ceux qui ne les connaissent pas. De même, dans toutes les parties de l'Administration, à l'armée, dans le public, les idées seront émises par les intéressés,

Chaque degré de la hiérarchie sociale pourra faire entendre sa voix et prendre part au concert de la liberté donné dans un pays où tous les citoyens égaux doivent être solidaires les uns des autres. N'est-ce pas aussi le moyen de faire quelque chose de solide et durable en laissant à chacun, dans une juste mesure, le soin de régler ses affaires ; ouvrons les portes à l'initiative ! De cette façon nos députés, ne perdant pas un temps toujours précieux, feront beaucoup en peu de temps, au lieu de produire si peu et si lentement. Ce serait là le moyen d'obtenir les transformations les plus pressantes.

Quant à la préparation de réformes qui demanderaient des études approfondies, des connaissances étendues, ne pourrait-on pas à l'imitation de ce qui se fait pour les œuvres d'art, établir des récompenses pour tout citoyen qui produirait un projet de réformes utiles à la Société ?

Ce serait bien une œuvre de talent, en effet, et une œuvre méritoire de constituer, par exemple, une législation nouvelle, en rapport avec les idées contemporaines et qui répondrait aux besoins de notre organisation, en échange de ces vieux principes restés stationnaires pendant la marche du progrès ; de remplacer par une diction claire et précise ces termes équivoques qu'exploitent les filous en forçant des juges à approuver ce que leur conscience blâment ; de rejeter, en un mot, tout cet amoncellement embrouillé que quelques-uns, par privilège, essayent de pénétrer, au détriment du public qui le premier serait intéressé à y voir clair.

C'est par l'émulation qu'on s'assurera le concours d'hommes instruits et laborieux, dont les talents réunis produiront plus que le génie d'un seul, si grand soit-il. C'est sur le génie du peuple que l'on comptera ; celui-là ne fera jamais défaut et sera exempt de défaillances.

Que d'inconséquences n'éviterait-on pas, que de progrès ne seraient-ils pas réalisés, si l'on voulait ouvrir une route à l'initiative individuelle !

Mais, pour arriver à ce résultat, il ne faut pas se reposer sur d'autres du soin de ses affaires, il ne faut pas, à l'instar de ce qui a eu lieu aux élections sénatoriales dernières, 25 Janvier, choisir pour opérer les réformes, des gens qui ont tout avantage à laisser croupir les choses dans l'état actuel, risque à s'exposer au danger d'une commotion qui pourrait bien les renverser.

Il est temps que cet engourdissement cesse, il est temps que les yeux s'ouvrent à la lumière ! Pour qu'un arbre prospère il faut extirper de sa souche tout ce qu'il y a de corrompu ; de même on ne doit pas craindre de mettre le doigt dans les plaies qui rongent la Société actuelle, pour tenter de les guérir ; et si l'on ne peut triompher de toutes à la fois, il ne faut pas désespérer de les combattre une à une. Il en est même qu'il doit suffire de signaler tant elles sont répugnantes, pour que chacun y apporte un remède dont l'efficacité répondra à l'énergie déployée. Nous ne nous proposons que de lever un coin du voile qui recouvre ces dernières.

Et d'abord, que ferez-vous, citoyens honnêtes, de ces exploiteurs de haut et bas étage qui vivent à vos dépens, que vous rencontrez sur votre chemin, à chaque pas, et dont l'air gouailleur et insouciant semble narguer l'ardeur que vous dépensez en luttant pour vivre. Paresseux et fripons, ils ont tous les vices pour guides ; s'attachant à la Société qui les nourrit, ils sont pour elle une menace constante. Voleurs habiles ou souteneurs infectes, ces coquins fieffés n'ont en horreur que ce qui peut contribuer au bonheur et à la puissance d'un peuple : « le travail. » C'est le seul ennemi qu'ils craignent, c'est celui-là qu'il faudrait leur opposer ; en les punissant ce moyen les ferait disparaître sûrement.

Leur place serait toute trouvée (1), bien mieux que pour nos braves soldats qui les arrosent de leur sang, au milieu de ces terres en friche qui n'attendent que des bras pour produire. Ce serait une méthode pratique et facile pour leur faire comprendre que chacun se doit à la Société et que l'homme doit vivre du produit de ses œuvres.

Au lieu de cela, on prend soin d'eux, on caresse leurs vices, sans doute, pour les développer encore. L'Etat sacrifie des millions à l'entretien de ces êtres abjects (quand encore nos lois peuvent les atteindre), il leur est délivré un matériel confortable et un personnel aussi nombreux qu'il est coûteux est consacré à leur service. Bien plus, il existe même pour les protéger, des Sociétés à qui des prétextes d'humanité ont donné naissance ; et des cœurs bénins voulant faire preuve de sensiblerie font leurs bourses complices de leurs fautes, en gaspillant en pure perte un argent qui serait si utilement employé à venir en aide à ces familles laborieuses, à qui le travail n'apporte pas tous les soulagements et que les privations exposent à envier le sort des bandits que l'on plaint et que l'on soutient.

____

(1) Ceci a été écrit avant le vote de la loi contre les récidivistes.

Il serait à croire que les promoteurs de pareilles organisations veulent tendre la main à leurs pareils, en les encourageant, du haut de l'échelle où les a fait parvenir leur audace. N'existe-t-il pas, en effet, une catégorie d'exploiteurs qui se retranchent derrière l'impuissance ou la faiblesse de notre législation ? N'y a-t-il pas de ces voleurs qui portent un autre nom, parce qu'ils exercent leur profession sur un plan plus étendu, mais qui sont plus dangereux mille fois que les détrousseurs de grands chemins !

C'est à la confiance, toujours inséparable de l'honnêteté, qu'ils s'attaquent, et leurs méfaits sont doublement nuisibles à la Société et par les victimes qu'ils torturent et par la méfiance qu'ils répandent dans un public où chacun devrait se tendre la main. Pourtant, tripoteurs et escrocs en sont quittes pour quelques jours d'emprisonnement, quand encore ils ne sont pas condamnés par contumace, ce dont ils se moquent.

Est-ce que l'Etat d'un pays démocratique ne devrait pas avoir à cœur de protéger ses citoyens contre toutes sortes d'agressions ? Est-ce qu'une surveillance sévère, constante, ne devrait pas être exercée sur les démarches de ces fripons aux professions équivoques qui, comme des bêtes fauves, guettent leur proie à tous les carrefours des cités ? C'est le Gouvernement qui tolère, qui autorise même la formation de ces groupes, n'ayant d'humain que l'apparence. Que de monstruosités peuvent se commettre impunément et sans répression ! Voyez plutôt ces sociétés dites *de crédit*, cause de tant de calamités. Ce serait pourtant une œuvre patriotique d'arracher de leurs repaires, pour les exterminer avant qu'ils aient pu prendre la fuite, ces êtres immondes qui vont dévorer dans d'autres régions un butin qu'ils ont extorqué dans notre pays.

La compassion inexplicable du législateur, en maintes circonstances, serait capable de faire considérer son honneur même comme entaché de complicité. Pourquoi, en effet, une rigueur soutenue fait-elle défaut dans nos lois ? Pourquoi ne possède-t-on pas les moyens de remédier immédiatement au manque de l'imprévoyance ? Qu'importe à l'homme honnête la sévérité des peines appliquées aux coupables ! Mais ce serait sa sauvegarde à lui que cette rigueur, si terrible soit-elle.

Je sais bien que ces monstruosités d'une civilisation, qui semble atteindre son apogée, ont frappé plus d'un esprit. La peine de la déportation a été proposée contre les êtres pernicieux que l'on peut atteindre, mais les autres ?... Et encore il y a hésitation !... A-t-on eu tant de pitié pour les déportés politiques ? Eh quoi ! l'on arrache à leur famille, à leur patrie, d'honnêtes citoyens dont le seul crime est d'apporter la lumière et le bien-être au peuple, et l'on garde des bandits au sein même de la Société qui les prend à sa charge ! Mais où allons nous donc ? Sont-ce là les principes de la logique et de la saine raison qu'on veut mettre à la mode ?...

Quand on connaît le mal, il faut se mettre en quête du remède, et ce dernier une fois trouvé, il faut l'appliquer résolûment. C'est malheureusement la détermination qui fait souvent défaut.

Un coup d'œil sur notre organisation actuelle nous montre bien d'autres anomalies qu'il serait trop long de faire passer sous la critique, d'énumérer même ; mais laissons à la marche progressive des choses, le soin de les signaler pour les faire combattre les unes après les autres. Attaquons-nous aux réformes les plus impérieuses, nous éviterons ainsi la confusion et le tâtonnement.

Le tableau de la faiblesse de nos lois conduit naturellement à considérer leur mode d'application. Il n'est douteux pour personne, en effet, que le mode de rendre la justice est défectueux sous plus d'un rapport.

Peut-être serait-il superflu de désirer pour la France un aréopage émule de celui d'Athènes, mais que d'améliorations ne pourrait-on pas apporter ?

Et d'abord, considérons la constitution des tribunaux. La manière dont la justice est rendue, *aux assises par exemple,* ne prouve-t-elle pas que le salut public est souvent confié à des citoyens qui sont loin d'arriver à la hauteur de leur mission ? La plupart du temps, il suffit qu'un avocat, *à l'éloquence bien rétribuée,* ait su attendrir quelques jurés inconscients, pour empêcher ces derniers de voir les choses sous leur véritable aspect. Leurs sentiments émus trouveront des excuses pour les fautes les plus graves, et le coupable d'aujourd'hui devient innocent le lendemain ; pour tous c'est un fripon, mais on doit lui tendre la main. La justice a passé par là sans se douter qu'elle encourageait le vice. Quelle confiance la sûreté de l'Etat peut-elle avoir en de tels juges ?

Un remède énergique apporté par des médecins éclairés en cette matière ne serait pas inutile ; espérons qu'il s'en trouvera pour le proposer, et qu'il suffira de dire : « La loi a été violée, il faut que le coupable soit puni. »

Toutefois, en s'imposant comme un devoir d'appliquer le châtiment au coupable, il faut prendre garde aussi de ne pas commettre le crime de faire souffrir un innocent. Il est inhumain, en effet, de faire subir une détention imméritée à un accusé qui peut être innocent. C'est là un reste d'inquisition qu'il faut faire disparaître. Il ne devrait pas y avoir de ces lenteurs qui semblent être la cause réelle de cette irritation aveugle sous l'impression de laquelle l'on voit l'être humain tenter de se faire justice lui-même. Il est de ces rouages compliqués qui ne sont indispensables sans doute que pour impressionner le public. Pourquoi ne pas les supprimer? On devrait, il me semble, tenir un peu plus compte que le public éclairé devient non plus influencé mais courroucé par ce mode de procéder. Là, comme partout, les moyens rapides doivent s'accentuer et céder aux besoins qui s'imposent.

Toutefois, si cette lenteur choquante se manifeste en ce qui touche aux parties les plus sensibles de l'organisme social ; elle est encore bien plus prononcée quand il s'agit de questions qui causent une sensibilité plus indirecte. Dans ce dernier cas, elle est effrayante, au point que les personnes mêmes les plus lésées dans leurs intérêts, préfèrent se dispenser des moyens de défense prévus par la loi. L'idée de ces détours de la procédure qui amoncelle le papier timbré devant le tribunal civil, en fait reculer plus d'un. Et encore celui que la pensée des frais qu'entraînent la constitution d'avoués, l'emploi des huissiers, etc., etc., n'a pas arrêté, est-il bien sûr d'obtenir son jugement selon ses droits ? La garantie offerte est quelque peu aléatoire. Comme il serait temps de simplifier tous ces appareils !

La magistrature semble jouir encore des privilèges inhérents à sa constitution même depuis plusieurs siècles et résiste aux attaques, faibles d'ailleurs, qui sont dirigées contre elle ; car, la fable de l'huître et des plaideurs est toujours une actualité. La Révolution qui a tout bouleversé semble avoir oublié de passer par là.

Il faut qu'il soit bien difficile ou bien dangereux de toucher à tout ce qui frise cette institution. Sans doute la Société n'est possible qu'autant que la considération reste attachée au juge qui prononce un arrêt, mais encore, pour obtenir cet arrêt, ne devrait-il pas être indispensable de faire tant de démarches.

Le peuple qui, en créant ses lois, choisit ceux qui doivent les appliquer, a bien, je suppose, le droit de ne pas se laisser traiter en esclave. Il n'aurait qu'à se souvenir et à se montrer pour avoir raison des auteurs de tous ces tiraillements. Mais la prudence recommande de ne pas s'étendre outre mesure sur un sujet dont la délicatesse n'échappe à personne ; il est de ces abus qu'il doit suffire de signaler pour que chacun concoure à leur suppression...

Il nous reste à présent à tourner nos regards du côté d'un principe qui semble être le vestige de vieux préjugés, où la routine n'est pas étrangère, du reste, et qui est la cause de bien des inconséquences. C'est, par là, signaler l'importance trop capitale attachée à certains titres, à certaines personnalités même. Trop de prérogatives sont attachées à certaines charges publiques, dont l'accès d'ailleurs est fermé au travail.

On oublie trop facilement en France, pays démocratique, que l'homme n'est rien par lui-même et n'a de la valeur qu'autant qu'on lui en concède. Celui qui remplit de hautes fonctions a ses faiblesses comme le dernier des citoyens. Que de nullités pourtant ne doivent-elles pas à l'emploi qu'elles occupent d'être regardées comme des créatures supérieures ; et ces emplois comment les obtiennent-elles ? L'imagination populaire cède trop facilement à l'influence qu'engendre sa faiblesse seule et qu'une foi plus grande dans sa valeur ferait vite disparaître. Le peuple semble ne pas voir que cet ascendant exercé sur lui est exploité habilement par certaines classes privilégiées qui ont grand soin de réserver pour elles certaines fonctions, bien rétribuées celles-là, non pas dans le but louable de rendre plus de services, mais bien d'écarter certains travailleurs intelligents et opiniâtres, qui auraient avant peu démasqué leur incapacité.

Est-il besoin de dire que s'il y a de hautes fonctions inaccessibles au commun des mortels et si bien rétribuées, c'est que ces fonctions ont été créées par cette classe d'exploiteurs qui semblent planer dans une sphère supérieure, où ils ont voulu s'isoler des autres mortels, pour mieux les dominer ?

Qu'un travailleur vienne à se faire illusion au point de vouloir franchir la ligne de démarcation qui lui a été tracée par d'autres plus favorisés du sort, et aussitôt se dresseront devant lui ces obstacles qu'ont su engendrer les privilèges de tous les siècles ; ces difficultés qui n'ont d'autre but que de montrer la différence du *prolétaire* et du *fils de famille*, il reconnaîtra bien vîte que la lutte n'est pas possible !

Laisser croire que la nature n'a pas voulu de catégories spéciales dans la race humaine, allons donc ! Arrière maraud, à ton seigneur la place ! C'est leur maxime. Et le peuple, en fermant les yeux, supporte l'exploitation de son ignorance ! Il refuse de se gouverner lui-même ! Jusques à quand cela doit-il durer ?

Nul esprit, en effet, ne peut concevoir, sans se révolter, les bornes qui sont opposées à l'ambition des classes pauvres. Mais pourquoi parler de limites à l'ambition ? On veut même arrêter l'essor de son intelligence. On cherche à affaiblir son moral en s'attaquant à la faible part de salaire qui lui est faite. Qu'on vienne à parler d'économies, c'est sur ce pelé... ce galeux que l'on tondra ! Ce n'est pas assez de chercher d'établir une si grande différence entre les divers citoyens, on se refusera d'accorder à l'ouvrier, au petit employé, le droit au salaire réclamé par son travail, dans le but de lui faire croire qu'il obtient, non pas un produit acquis, mais une aumône. De plus, sous prétexte de centralisation, on efface les petits, on leur interdit de se montrer. Oh ! égalité, à quand ton règne !...

Il serait pourtant si facile d'équilibrer toutes les conditions, en laissant chacun responsable de ses actes, concourir au but d'intérêt général.

L'on pourrait tirer un si grand profit à laisser libre l'accès de toutes les fonctions publiques, où le travail constant viendrait soutenir l'intelligence, pour le plus grand bien de la Société. C'est en supprimant les castes qu'on éviterait les Révolutions violentes. Mais se guérit-on d'un défaut parce qu'on se le reconnaît ?...

La route que suit un peuple semble être tracée par le destin. Les secousses violentes des Révolutions sont l'image des soubresauts causés par une route difficultueuse bien facile parfois à aplanir, mais qu'on néglige. Le cahot est prévu et non évité, les choses suivent leur cours, tant pis pour les victimes !

Et plus terribles encore seraient les représailles du peuple s'il était poussé par les mêmes sentiments d'égoïsme que les agioteurs qui l'exploitent.

Je m'arrête, avec l'espoir de revenir bientôt sur le développement de ces idées ; trop heureux, dès maintenant, si mes efforts pouvaient contribuer, en poussant le peuple à retremper sa valeur au foyer qu'alimentent son génie et sa puissance, à donner l'idée à quelques cœurs, ardents à la lutte pour le bien public, d'établir enfin les vrais principes de la Révolution d'après la devise immortelle : *Liberté, Egalité, Fraternité,* avec cette conviction pour base :

« TOUT PAR LE PEUPLE ET POUR LE PEUPLE ! »

PLACE AUX TRAVAILLEURS !   J. D.